Mr de la Borde
Berthon 1868 - Janvier - 7

COLLECTION DE FEU M. BERTHON
DE VERSAILLES

Troisième et dernière vente

TABLEAUX ANCIENS

GRAVURES ET DESSINS

Vente les Mardi 7 et Mercredi 8 Janvier 1868.

Me CHARLES PILLET,	MM. FEBVRE ET ROCHOUX,
COMMISSAIRE-PRISEUR	EXPERTS

1868

CATALOGUE

DE

TABLEAUX ANCIENS

GRAVURES & DESSINS

Provenant de la

COLLECTION DE FEU M. BERTHON, DE VERSAILLES

DONT LA VENTE AUX ENCHÈRES PUBLIQUES AURA LIEU

HOTEL DROUOT, SALLE N° 2

Les Mardi 7 et Mercredi 8 Janvier 1868

A DEUX HEURES.

Par le ministère de Me **Charles PILLET**, Commissaire-Priseur,
11, rue de Choiseul,

Assisté, pour les Gravures, de M. **ROCHOUX**, Expert, quai de l'Horloge, 19.

Et, pour les Tableaux, de M. **FEBVRE**, Expert, rue Laffite, 12.

Chez lesquels se trouve le Catalogue.

EXPOSITION PUBLIQUE

Le *Lundi* 6 *Jannier* 1868, *de une heure à cinq heures*

CONDITIONS DE LA VENTE

Elle sera faite au comptant.

Les adjudicataires payeront *cinq pour cent* en sus des enchères.

L'exposition mettant le public à même de se rendre compte de l'état des objets, il ne sera admis aucune réclamation une fois l'adjudication prononcée.

---

000. — Paris. Imp. de Pillet fils aîné, rue des Grands-Augustins, 5.

DÉSIGNATION

TABLEAUX

ALBANE. École. de.

1 — Le Triomphe de Vénus.

BESCHAYE

2 — Saint François en prière.

BOOL (Jen)

3 — Chiens épagneuls et Oiseaux morts.

BREUGHEL de Velours. Attribué à.

4 — Noé rendant grâce au Seigneur avant son embarquement dans l'arche sainte.

BRIL (Mathieu)

5 — Paysages avec figures.

CHATELET

6 — Une Ancienne Vue du parc de Monceaux.

CLOUET (J.). École de.

7 — Vieillard représenté en buste.

DETROY (Nicolas)

8 — Jeune Princesse de l'époque du Régent représentée en pied.

ES (Van)

9 — Chat et Gibier mort.

FRANCK. Le Vieux.

10 — Le Festin de Balthazar.

GILLEMANS

11 — Fruits dans une corbeille.

GOLDZIUS. Attribué à.

12 — Portrait de Louise-Julienne de Nassau, femme de Frédéric IV, comte Palatin.

HEEM (Jean de)

13 — Vidrecome et Fruits sur une table.

HILAIRE

14 — Paysage pastoral.

LERICHE

15 — Fleurs dans une corbeille.

MAYER (L.)

16 — Paysage avec cours d'eau.

MIGNARD. École de.

17 — Portrait en buste d'un officier supérieur.

18 — Jeune Dame de la cour de Louis XIV.

MIREVELT

19 — Femme âgée, en prière avec ses enfants.

MOLENAER. Attribué à.

20 — Intérieurs flamands.
Deux pendants.

PORBUS (P.). École de.

21 — Donateurs agenouillés et priant sous l'invocation de la Vierge; au revers, deux grisailles (sujet de l'Annonciation).

ROSA, de Tivoli.

22 — Campagne italienne, avec pâtres et animaux.

ROMBOUT (J.)

23 — Portrait d'un personnage hollandais et celui de son fils.

ROBERT-LEFÈVRE

24 — Portrait d'un magistrat représenté en buste.

SNEYERS

25 — Épisode d'une des guerres de Flandre.

VESTIER

26 — Portrait d'un personnage de l'époque de Louis XIV.

VLIÉGER

27 — Buveur flamand en bonne fortune.

VIGNON (Claude)

28 — Dame de la cour de Louis XIV, présumée être la duchesse du Maine.

TÉNIERS (David). D'après.

29 — L'Enfant prodigue en compagnie de courtisanes.

30 — Buveur attablé.

TOURNIÈRES (Robert)

31 — Portrait d'un gentilhomme.

ÉCOLE FRANÇAISE

32 — Portrait de Ginq-Mars.

33 — Dame portant les insignes d'un pèlerin.

34 — Officier supérieur sous Louis XIV.

35 — Paysanne coquette, en buste.

ÉCOLE FRANÇAISE MODERNE

36 — La Visite au marquis.

ANCIENNE ÉCOLE FLAMANDE

37 — Gentilhomme et Courtisane.

38 — Le Concert, pendant du précédent.

ÉCOLE FLAMANDE MODERNE

39 — La Lecture de la gazette, effet de lumière.

ÉCOLE ALLEMANDE

40 — Portrait d'une Dame de distinction; les deux mains apparentes.

41 — Joueurs de trictrac dans un estaminet.

INCONNUS

42 — Portrait en buste d'un prince-cardinal.

INCONNUS

43 — Artistes italiens dessinant des ruines.

44 — Portrait du czar Borice Phédorowith.

45 — Portrait du général Foy.

46 — Portrait en buste du grand Frédéric.

47 — Sous ce numéro, des Tableaux non catalogués, et une grande quantité de Cadres sculptés et autres.

ESTAMPES

1. **Babel, Eisen** etc. Ornements, 10 pièces.

2. **Baudouin** (d'après). Le Lever, la Toilette. Belles ép. avec marges.

3. — La Fille grondée, le modèle honnête, 2 pièces, belles ép. avec marges.

4. — L'Enlèvement nocturne, belle ép. avec marges.

5. **Blondus.** Petits sujets pour les mois de l'année, 21 pièces. Plusieurs en double.

6. **Boucher** (d'après). Grande arabesque, en hauteur. Ép. d'eau forte. — Autre ép. terminée, avant toute lettre.

7. — Vénus sur les eaux, enlèvement d'Europe, 2 pièces.

8. **Boucher** (d'après). L'Attention dangereuse, la comparaison du bouton de rose, d'après Gabriel Saint-Aubin, l'abandon voluptueux, d'après Borel, 3 pièces avec marges.

9. **Boucher, Caresme. Fragonard,** etc. 10 pièces.

10. **Boucher, Cochin, Eisen.** Fontaines, culs-de-lampes, etc., 20 pièces.

11. **Bry** (Th. de). Fonds de Coupes, marche de soldats. 7 pièces.

12. — Danse de seigneurs et dames. Jolie pièce.

13. **Challe** (d'après). La Soubrette complaisante, très-belle ép. avant toute lettre, en couleur. *Rare.*

14. — Le Modèle disposé. Belle ép. avec marges.

15. **Cochin** (d'après). Les Quatre âges de la vie, plus l'enfance, épr. d'eau forte; la soirée, l'ouvrière en dentelle; la charmante catin. etc. 14 pièces.

16. — Illumination de la rue de la Ferronnerie. 2 pièces, plus une épr. d'eau forte.

17. Le Tailleur pour femme, très-rare épr. avant toute lettre.

— La même pièce avec la lettre.

18. — Têtes de livres, culs-de-lampes, lettres, adresses, etc. 76 pièces.

19. — Ant. Thomas. la Motte-Piquet, marquis de Voyer, Marmontel de Parcieux, Freron, de Brosses, 7 portraits.

20. **Coypel** (d'après). Molière, gravé par Cars. Epr. avant toute lettre. *Rare.*

21. **Deflorenne** (Publié par). Ornements. Environ 173 pièces.

22. **Delaulne** (Et.). arabesques. 7 pièces.

23. **Delaulne** (Et.), **et autres.** Divers sujets en ovale et en rond; les vertus théologales, etc. 38 pièces.

24. **Divers.** Gillet, par pierre Drevet, cardinal d'Auvergne,

par C. Drevet, Hardouin, Mansart, par Edelinck, Louis XV, par Bonnet, etc. 6 portraits.

25. — Clément Marot, Ronsard, Antoine Arnauld, Laffemas, Boileau, etc. 49 portraits.

26. — Huet, évêque d'Avranches, par Trouvain; Suzanne Henriette de Foix de Candalle, par Baujan; l'abbé de Saint-Pierre, par Scotin; Louis XIV, par Edelinck, etc. 7 portraits.

27. — Duc de Beaufort, par Nanteuil; Pellerin, par Saint-Aubin; Dufresny, par Gautier-Dagoty; Philippe d'Orléans, etc. 7 portraits.

28. — Locke, par Vertue; Comte de Kaunitz, par Edelinck; Camille Lilli, par Pitau; Oxenstiern, par Hondius, etc. 8 portraits.

29. — Henri de Laval, évêque de la Rochelle; de Coislin, aumônier du roi, par Lenfant; Louis Hubert de Montmort, par Trouvain; Bouthillier de Rancé, abbé de la Trappe, par Habert, etc. 12 portraits.

30. — Sébastien Truchet, par Thomassin; Jean Morin, par Giffart; Bouillerot, curé de Saint-Germain, par Chevillet; père Quesmel, par Pitau; Pierre de Marca, par van Schuppen, etc. 15 portraits.

31. — Le comte de Pagan, par Patigny d'après Gascard; Doujat, par Cossin; Moreau, par Michel Lasne; François Michel, par Roullet, etc. 10 portraits.

32. — Le prince Eugène de Savoie, par B. Picart; Colbert, par Nanteuil; Crébillon, par Balechou; duc de Boufflers, par Duflos, etc. 24 portraits.

33. — Luther, par Hopfer; Guillaume Lamoignon, par Poilly; Marguerite Pouget d'après Cochin; Marie d'Autriche, femme de Ferdinand III, par Gallo d'après Vandyck; Marie-Angélique Corneille, etc. 18 portraits.

34. — D'après Greuze. Le prince; mademoiselle Gérard, etc. 14 pièces.

35. — Allégories, par Cochin et autres. 13 pièces, épreuves d'eau forte.

36. — D'après Boucher, Eisen, etc. 8 pièces.

37. — Armoiries. 116 pièces.

38. — Une boîte contenant environ 500 pièces, vignettes, têtes de pages, culs-de-lampe, etc.

39. — Ornements. 40 pièces.

40. — Trophées, vases, fleurons et autres ornements. 31 pièces.

41. — Ornements. 16 pièces.

42. — Vases. 28 pièces.

43. — Vases. 41 pièces.

44. — Plafonds. 5 pièces.

45. — Pièces historiques. 10 pièces.

46. **Drevet** (P.). Philippe V, roi d'Espagne; Louis, duc de Bourgogne; Samuel Bernard. 3 portraits.

47. **Durer.** Le branle, belle épreuve.

48. **Duruisseau et autres.** Fleurs en couleur. 10 pièces.

49. **Edelinck.** Louis XIV. Grande thèse en hauteur.

50. **Eisen** (d'après). Vignettes par les métamorphoses. 139 pièces.

51. **Fiquet.** Crébillon, Eisen, Jean-Baptiste Rousseau. 3 portraits, plus Villars et Henri IV, par Demarcenay.

52. **Fragonard** (d'après). Ma chemise brûle; trés-belle épreuve avec marges.

53. — Le verrou; l'heureuse fécondité; le pot au lait; dites donc s'il vous plaît; les baignets. 5 pièces avec marges.

54. — La gimblette; le sacrifice de la rose; la bonne mère (2 épreuves). 4 pièces.

55. **Freudeberg.** Suite d'Estampes pour servir à l'histoire des mœurs et du costume français au XVIIIe siècle, année 1775. Paris, Prault, 1775. 1 vol. in-folio, cartonné avec le texte. 12 pièces, très-belles épreuves.

56. — Le coucher, très-belle épreuve avant le numéro.

57. **Galerie du palais royal.** 377 pièces.

58. **Gillot.** Flore, Bacchus, Diane, Neptune, etc. 6 pièces arabesques.

59. **Greuze** (d'après). La jeune fille au chien, gravée par Porporati, sans marges; jeune mère montrant à tricoter à sa fille, avant toute lettre. 2 pièces.

60. **Habermann et autres.** 13 pièces, ornements.

61. **Janinet.** Le sommeil d'Ariane, d'après Charlier. Jolie pièce en couleur.

62. **Lawreince** (d'après). Le Lever des ouvrières en modes, les sabots, la balançoire mystérieuse, 3 pièces. Belles ép. avec marges.

63. — L'École de Danse, très-belle ép. avec marges.

64. **Lebrun** (d'après). Plafonds, 4 pièces.

65. **Leclerc** (Sébastien). Plafonds dans un hôtel bâti à Stockholm, 2 pièces.

66. **Lepautre.** Vases, fontaines et autres ornements, 51 pièces,

67. — Vases, fontaines, mascarons, etc., dans les jardins de Versailles, 24 pièces.

68. **Levacher.** Napoléon à cheval, en couleur, sans marges.

69. **Mantegna** Un Triomphe (manque de conservation).

70. **Monnet** (d'après). Le roi d'Éthiopie, abusant de son pouvoir; avant toute lettre. *Rare.* Jupiter et Io, 2 pièces avec marges.

71. **Nanteuil.** Loret, belle ép. avec marges.

72. — Colbert, Cureau de la Chambre, Hesselin, Castelnau, Mazarin, Chapelain, Scuderi, duc de Mantoue, Lecoigneux, 9 portraits.

73. **Naudet** (Caroline). Recueil d'objets d'art et curiosité, 42 p. ornements.

74. **Saint-Aubin** (Augustin). Dernière heure de la baronne de Rebecque, morte à 36 ans. In-folio, très-belle ép.

75. **Savart.** Bayle, Colbert, Louis XIV, Labruyère, 4 portraits.

76. **Schenau** (d'après). La lanterne magique, gravé par Ouvrier.

77. **Teniers** (d'après). Grandes fêtes flamandes, le mauvais riche, plus diverses compositions d'après Berghem et Wouwermans, 12 pièces.

78. **Vernet**, (J.), (d'après). Grands ports de France, 15 pièces.

79. **Villemain**. Monuments français inédits, 53 pièces.

80. **Vico** (Enéas). Vases, 14 pièces.

81. **Watteau** (d'après). Lantara, peintre, en pied. In-4°. *Rare.*

82. **Watelet**. Essais de gravures rymbranesques. Paris, 1785. 15 pièces en un recueil in-folio.

83. **Wille** (J. G.). L'observateur distrait, d'après Netscher; le petit physicien, d'après Miéris, 2 pièces.

84. **Wille**, fils, (d'après). L'écrivain public, l'essai du corset, 2 pièces, belles ép. avec marges.

DESSINS

85. Carousel du dauphin, fils de Louis XIV. 1 vol. in-folio, contenant 29 dessins coloriés à l'aquarelle, montés sur papier teinté.

Ces dessins sont exécutés avec une grande perfection. Ils offrent une suite de costumes aussi curieux que brillants, qui donnent une idée de la magnificence des fêtes de la Cour à cette époque.

86. **Anonyme.** Décoration de jardin, joli dessin.

87. **Boissieu** (Manière de). Études faites au pavillon L'enfant-les-Aix, 1795. 2 dessins lavés à l'encre de Chine. — Plus une vue d'un ancien château.

88. **Boucher.** Jeune fille debout, vue de dos; buste de jeune garçon, 2 dessins à plusieurs crayons.

89. **Boucher** (Attribué à). Femme nue couchée, dessin à la sanguine.

90. **Divers.** Feuilles de missel, avec lettres capitales et bordures miniaturées, 30 pièces.

91. **École française** (XVIIIe siècle). Bustes de jeunes filles, 2 dessins à plusieurs crayons.

92. **École française.** Décoration intérieure et autres. 2 dessins d'ornement.

93. **Lebrun** (d'après). Feuille d'éventail représentant le Triomphe d'Alexandre, jolie gouache.

94. — **Nattier** (Monière de). Portrait de jeune fille; portrait de jeune femme, 2 dessins à plusieurs crayons.

LIVRES A FIGURES

95. — Trophées d'armes (ant. Lafrèri, 1553). In-4, 16 planches, couverture parchemin.

96. — Les portraits des hommes illustres français qui sont peints dans la galerie du Palais-Cardinal, dessinés et gravés par Heince et Bignon. Paris, 1650, in-folio, 26 portraits.

97. — Théâtre des États du duc de Savoye. La Haye, Moetjens, 1700. 2 vol. in-fol., fig. avec 2 beaux portraits par Nanteuil.

98. — Armi delle casate nobili della cita di Genova Raccolte e fatte intagliare da Agostino Fransone, 1634. In-fol., figures.

99. — Vases, frises, etc. 3 vol. petit in-fol. contenant un grand nombre de planches.

100. — Diverse maniere dadornare i camini opera del cavaliere Giambatista Piranesi, in Roma 1759. 1 vol. cartonné, 66 planches.

101. — Colonne Trajane, gravée par Pietro santo Bartoli, in-fol. obl. cartonné.

102. — Bas-reliefs antiques gravés par Perrier. 1 vol. in-fol. 52 planches.

103. — Relation de l'inauguration solennelle de Charles VI, empereur des Romains, à Gand ; chez Auguste Graet, 1719. In-fol., fig.

104. — Portraits des hommes illustres du XVIIe siècle. Paris, chez Volland, 1805. 2 tomes in-fol. réunis en un seul, avec portraits.

105. — Mascarade à la grecque d'après Petitot. In-fol. cart., 10 planches.

106. — Description du château de Chambord, par Merle et Perié. In-fol. cartonné, figures.

107. — Bassirilievi volsci in terra cotta dipinti a vari colori trovati nella citta di velletri, de Marco Carloni pittore ed incisore. In Roma, 1785, 1 vol. in-fol., figures.

108. — Bath illustrated by a series of views from the Drawings of John Claude Natter. London, 1806 ; 1 vol. in-folio, planches en couleur.

109. — Paris et ses monuments, par Baltard. Paris, chez l'auteur, 1803. 1 vol. in-fol. cartonné, figures.

110. — Le théâtre du monde, ou nouvel atlas mis en lumière par Guillaume et Jean Blaeu. Amsterdam, seconde, troisième et quatrième parties. 3 vol. in-fol. ancienne rel. parchemin. (La première partie manque.)

111. — Galeries historiques de Versailles, de Gavard. 10 vol. in-fol. contenant un nombre considérable de planches,

112. — Raccolta della piu belle vedute antiche e moderne di

Roma de Giuseppe Vasi, in Roma 1786. 2 vol. petit in-folio obl., 200 planches.

113. — Le fontane di Roma da Gio-Battista Falda. 1 vol. petit in-fol, contenant un grand nombre de planches.

114. — Voyage à l'oasis de Thèbes, fait de 1815 à 1818, par Caillaud, rédigé et publié par Jomard. Paris, imp. roy., 1821. 2 vol. in-fol., texte et planches.

115. — Les Ruines des plus beaux monuments de la Grèce, par Leroi. Paris, Musier fils, 1770. 2 vol. in-fol., fig., rel. veau.

116. — Monuments romains de Nîmes. Paris, Firmin Didot, 1818, in-fol., fig., cartonné.

117. — Recueil de sujets gravés au trait. 54 planches in-fol. cartonné.

118. — Spectacle historique : événements les plus remarquables et portraits de souverains gravés par Godefroy. In-folio, fig., cartonné.

119. — Le forche caudine illustrate, in-fol., figures.

120. — Sous ce numéro seront vendues, par lots, les pièces non cataloguées, estampes de diverses écoles, portraits, dessins, etc.

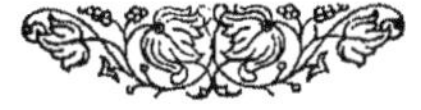

www.ingramcontent.com/pod-product-compliance
Ingram Content Group UK Ltd.
Pitfield, Milton Keynes, MK11 3LW, UK
UKHW020533180726
13839UKWH00005B/2475

9 782329 544212